Pamela Matthews

Das Orakel der Großen Göttin

W0403716

Schirner Verlag

ISBN 978-3-89767-307-6

Copyright © 2000 by Pamela Matthews
Alle Abbildungen sind Reproduktionen der Originalwerke von Pamela Matthews. Originaltext in Zusammenarbeit mit Richard Symons.

Copyright © 2006 für die deutsche Ausgabe
Schirner Verlag, Darmstadt
Erste Auflage

Alle Rechte für die deutsche Ausgabe vorbehalten.
Reproduktion aller Teile nur mit Genehmigung des Verlages.

Umschlag: Murat Karaçay
Übersetzung & Satz: Kirsten Glück

Printed and bound in China by Imago

www.schirner.com

Die Göttin befragen

Der Umgang mit den Karten

Natürlich können diese Karten mit jeder bekannten Legung zur Gewinnung von Vorhersagen oder Übersichten genutzt werden, aber wie so oft ist das Einfachste meist das Beste.

Mischen

Mischen Sie die Karten, und bilden Sie drei Stapel. Schieben Sie alle Karten wieder zusammen, und mischen Sie sie noch einmal. Wiederholen Sie dies noch zweimal.

Die Tageskarte

Drehen Sie nach dem Mischen die oberste Karte im Stapel um, und betrachten Sie das Bild, bis Sie seine Energie »fühlen« können.

Denken Sie über die Schlüsselworte auf Ihrer Karte nach und darüber, in welcher Verbindung Sie im Augenblick mit der Göttin stehen.

Lesen Sie dann erst, wie die Karten hier gedeutet werden.

Das Kleeblatt

Mischen Sie die Karten, wie zuvor erklärt. Ziehen Sie als erste die Karte in der Mitte, dann die die linke und zuletzt die rechte.

Lesen Sie die Schlüsselworte auf der Karte und dann ihre Deutung. Denken Sie darüber nach, was sie über Ihre Vergangenheit und Ihre Gegenwart aussagen.

Die rechte Karte zeigt, welche Göttinnenenergie Sie in nächster Zukunft unterstützen kann.

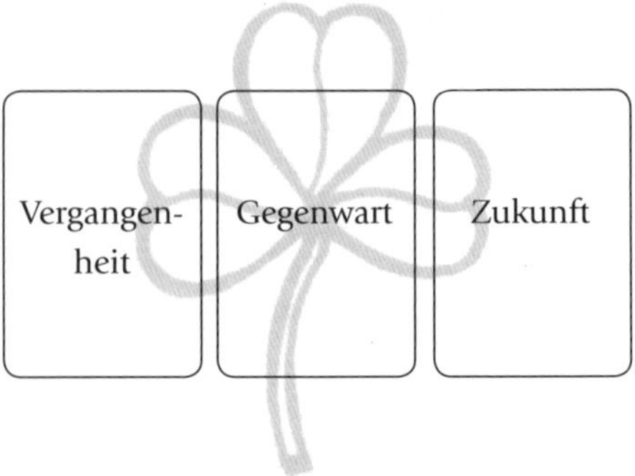

Das Ankh – Der Lebensschlüssel

Diese Legung ist vergleichbar mit dem Kleeblatt, wobei hier über die untere Karte noch die zugrundeliegenden Einflüsse erkennbar werden. Die obere Karte zeigt die im Augenblick bestmögliche Entwicklung in bezug auf die aktuelle Situation.

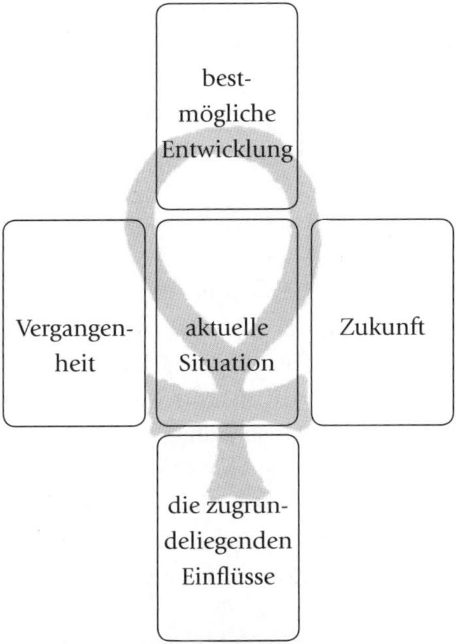

0 - Der Gral

Integration, Selbsterkenntnis,
mediale Verbindung

Der Körper – die Landschaft
Der Geist – der Baum des Lebens
Die Seele – der sonnenerfüllte Gral

Das Gefäß des Geistes

Der Gral (der Kelch, die Schale, das Gefäß) ist die Verkörperung des göttlichen Geistes in der Materie. Er ist ein in vielen Kulturen der Geschichte verwendetes Symbol der Göttin und Großen Mutter.

Die Sehnsucht nach Erleuchtung wurde in der Romantik mit der »Suche nach dem Heiligen Gral« umschrieben, jenem geweihten Gefäß von der Tafel des letzten Abendmahls, in dem Joseph von Arimathia angeblich unter dem Kreuz das Blut Christi auffing.

Die Ritter der Tafelrunde von König Artus suchten den Gral, doch nur Galahad war rein genug, seiner ansichtig zu werden. Der Ritter, ein klassisches männliches Symbol, suchte den Gral, das Göttlich-Weibliche, um heil (heilig) zu werden.

Botschaft

Mit dieser Karte will Sie die Göttin ermutigen, im Sinne des göttlichen Geistes zu handeln. Dadurch, daß Sie sich für seine Führung öffnen, werden Sie wissen, was von Ihnen gefordert wird. Zur rechten Zeit das richtige Wort gesprochen oder jemandem die Hand gereicht – das kann eine Situation dramatisch verändern.

Es gibt keine größere Ehre, als im Auftrag der Göttin zu handeln. Bleiben Sie offen, geerdet und bewußt. Fragen Sie, was notwendig ist, damit Sie Ihre Aufgabe erfüllen können. Märtyrer sind Relikte einer vergangenen Zeit!

Affirmation

Mein Körper ist das Werkzeug des ewigen Geistes.
Mein Geist ist ein Kanal der göttlichen Weisheit.
Meine Seele ist eine Flamme des Schöpfungsfeuers.

1 - Sige

Großmutter Gottes,
die Stille vor dem Wort

Symbol: ein Finger an den Lippen
Herkunft: Phönizien – Ägypten – Rom – Gnosis

Sige ist die Stille, aus der das erste Wort geboren wurde – das Wort, welches das Universum erschuf. Für die Gnostiker* war Sige die schöpferische weibliche Urkraft. Sich selbst treu, gibt es nur wenige Aufzeichnungen über sie.

Botschaft

Werden Sie sich der Kraft der Stille bewußt. Es liegt eine große Weisheit darin, zu wissen, wann man besser nichts sagt – oder nicht reagiert. Hüllen Sie sich in die schöpferische Stille der Meditation. Tief ist die Ruhe vor dem Sturm.

*Anhänger eines nicht von den institutionalisierten kirchlichen Instanzen sanktionierten christlichen Glaubens

Affirmation

In der ewigen Stille finde ich alles.

2 - Isis

Große Mutter, Herrin, Seelengefährtin,
Rückerstatterin des Lebens

Symbol: Thron – Ankh – Rinderhörner
Herkunft: Ägypten

Die »Herrin der zehntausend Namen«, deren wahrer Name Isis – der Thron – ist. Sie war es, von der der Pharao seine Macht herleitete.
Isis lehrte die Frauen, Korn zu mahlen, Flachs zu spinnen, Tuch zu weben und Männer so weit zu zähmen, daß sie mit ihnen leben konnten (!).
Isis' Hingabe an ihren Geliebten Osiris führte sie auf die Suche nach ihm und ließ sie ihn zweimal vor dem Tod retten. Sie holte ihn ins Leben zurück, indem sie ihre magischen Schwingen schlug. Als der finstere Seth seinen Bruder Osiris in Stücke hackte, sammelte Isis alle ein und setzte Osiris wieder zusammen. Den fehlenden Phallus ersetzte sie durch ein von ihr selbst geschaffenes goldenes Glied, durch das sie ihr Kind Horus empfing.

Isis' Hingabe an Osiris und seine Wiederherstellung kann man als die höchste Stufe der Suche nach dem Seelengefährten betrachten. Isis offenbart, wie Frauen die Kraft der Konzentration, Liebe und Spiritualität einsetzen. Jenen, die ihr folgen, verspricht sie: Ihr werdet herrlich leben unter meinem Schutz.

Botschaft

Sie sind gesegnet. Ihre positive Einstellung und Ihr Verhalten kann Türen öffnen und Wunder wirken. Vertrauen Sie Ihrer Intuition – Sie werden darin von Isis angeleitet. Wenn Sie auf der Suche nach einem Seelengefährten sind, bleiben Sie in ihrer Nähe.

Affirmation

Ich bin gesegnet, lebe behütet und in Herrlichkeit.

3 - Nut

Himmelsmutter; Überblick, alles umfangend

Symbol: ein sternenbedeckter Körper –
Kelch und Brot auf einem Tisch
Herkunft: Ägypten

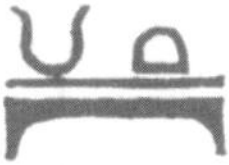

Nut ist die Göttin der Geburt und Empfängerin der Toten. Als Mutter Nacht spannt sich ihr sternenbesetzter Körper über den Himmel, ihre Arme und Beine reichen hinunter bis zur Erde. Bei Sonnenuntergang verschlingt sie die Sonne, und jeden Morgen gebiert sie sie aufs neue.
Nuts Körper erstreckt sich oft über die Decken von Gräbern, Tempeln und Sarkophagen in ganz Ägypten. Sie umfängt alles, was ist. Als eine der ältesten Göttinnen und Mutter aller Götter ist sie auch das Unbewußte, aus dem alle Bilder aufsteigen.

Botschaft

Es gibt Zeiten, in denen Ihnen der Kritiker in Ihnen die Sicht auf das große Ganze verstellt. Jene, die hart zu anderen sind, sind üblicherweise am härtesten gegenüber sich selbst. Erheben Sie sich über Ihre gegenwärtige Situation, und betrachten Sie alles in einem größeren Zusammenhang.
Das, was Ihren Weg zu blockieren scheint, kann so zu einem Tor werden.
Dehnen Sie wie Nut Ihr Wesen aus, so daß Sie das ganze Spektrum aus Schmerz und Wonne, Geburt, Leben und Tod annehmen und erfassen können.

Affirmation

Ich weite meine Liebe und mein Verständnis aus,
bis sie alles umfassen.

4 - Maat

Wahrheit, Gerechtigkeit, allsehendes Auge

Symbol: Straußenfeder – Lapislazuli – Waagschalen
Herkunft: Ägypten

Den Mythen gemäß werden Maat und ihre Feder gegen die Seele eines Verstorbenen gewogen. War die Seele »leicht in Gerechtigkeit«, so durfte sie »siegreich von dannen ziehen« und sich ungehindert unter die Götter und Geister der Toten begeben. Befand man die Seele jedoch als »schwer mit Bösem«, wurde sie von einem Ungeheuer verschlungen.
Maats Gesetz galt in allen drei Welten: Himmel, Erde und Unterwelt. Verglichen mit dem harten patriarchalischen System, das folgte, waren Maats Regeln gnädig – sie achteten die persönlichen Rechte, trugen der Umwelt Sorge und bewahrten Rechtschaffenheit in Arbeit und Handel. Ägyptische Prediger zogen Maats Feder über ihre Zunge, um ihren Worten mehr Kraft zu verleihen.

Botschaft

Wenn Sie das Gefühl haben, schlecht behandelt zu werden, dann ist Maat eine machtvolle Kraft an Ihrer Seite. Wenn Sie Menschen beraten, ist es wichtig, daß Sie ein heikles Gleichgewicht wahren und einen klaren Kopf behalten können. Maat kann Ihnen helfen, die richtigen Worte zu finden und den rechten Moment zu wählen, etwas zu sagen.

Affirmation

Meine Seele und mein Herz sind so leicht
wie eine Feder.
Wahrheit und Gerechtigkeit sind
für immer mein.

5 - Kuan Yin

Frieden, Gnade, Meer des Mitgefühls;
Sie, die das Weinen der Welt hört

Symbol: Weidenzweig – Regenbogen – Vase – Perlen
Herkunft: China

Kuan Yins Hingabe an ihren spirituellen Weg führte dazu, daß sie, obwohl ihr Vater in seinem Zorn Gewalt und Zerstörung verbreitete (er steckte das Nonnenkloster, in dem sie wohnte, in Brand), bereit war, sich die Hände abhacken zu lassen, um sein Leben zu retten. Ihre Heiligkeit war so groß, daß ihre Hände wieder anwuchsen.
Anstatt sich in reine Energie zu verwandeln, entschied sich Kuan Yin, als sie die Erleuchtung erlangte, ihre menschliche Form beizubehalten, bis alle Lebewesen gleichermaßen erleuchtet seien. Nach ihrem körperlichen Tod sah man, wie sie über einen Regenbogen aufstieg, ihre Brücke zwischen Himmel und Erde.

Botschaft

Wenn dies für Sie oder jemanden, den Sie kennen, eine Zeit der Traurigkeit ist, kann Kuan Yins Mitgefühl tiefe Heilung schenken – Sie müssen nur darum bitten. Vielleicht werden Sie aufgefordert, Ihr Herz für den Schmerz anderer zu öffnen oder Mitgefühl für die Erde und alle ihre Kinder zu empfinden.

Affirmation

Ich öffne mein Herz in Mitgefühl und liebe jene, denen ich begegne, in dem Wissen, daß ich im Gegenzug ebenfalls geliebt und getröstet werde.

Gebet

Kuan Yin, Kuan Yin, Kuan Yin …
(einfach immer weiter wiederholen)

6 - Weiße Tara

Selbstbeherrschung, Mysterium, Verspieltheit

Symbol: sich selbst verzehrender Stern – aufblühender Lotus – Wein

Herkunft: Tibet

Tara, die Mutter der Befreiung, die göttliche Närrin, offenbart sich als verspieltes junges Mädchen, das den Tod als jenen unstillbaren Hunger, den alles Leben antreibt, austrickst. Sie verkörpert die höchste Form der spirituellen Transformation, die durch Frausein erreicht werden kann.

Als Mutter der Buddhas hält sie in ihrer linken Hand die sich entfaltende Lotusblüte der Seelenblume, während sie die rechte in einer Geste des Gebens der Welt entgegenstreckt.

Botschaft

Zeit, alles leichter zu nehmen! Finden Sie das sorglose Kind in sich, und betrachten Sie das Leben als das Spiel, das es ist. Lassen Sie Ihre Ängste los, und leben Sie im ewigen Jetzt.

Affirmation

Ich schaue durch die Augen Taras und erblicke jenseits der Angst vor dem Tod die Erleuchtung.

7 - Prakriti

Kosmische Mutter; Kreativität, Form

Symbol: geflochtene Bänder
(rot, schwarz und weiß)
Herkunft: Indien

Prakriti ist die kosmische Mutter der Veden*. Alles, was in der Materie Form angenommen hat, ist Teil von Prakritis Körper und deshalb ein Ausdruck der Schöpferkraft.
Die drei ineinander verwobenen Bänder in den Farben Rot, Schwarz und Weiß stellen die drei Gunas (Schöpferenergien) dar: Rot = Rajas (Handlung), Schwarz = Tamas (Zerstörung) und Weiß = Sattva (Bewahrung/Gleichgewicht).

*heilige Schriften der Hindus

Botschaft

Sie werden feststellen, daß Sie am kreativsten sind oder die passendste Antwort finden, wenn Sie sich selbst gestatten, ein Werkzeug der göttlichen Energie zu sein.
In was immer Sie auch gerade involviert sind, es könnte sein, daß dort jetzt Initiative (Rajas), Stärkung (Sattva) und/oder Einschnitte (Tamas) notwendig sind. Trauen Sie sich, mit allen dreien zu arbeiten.

Affirmation

Ich bin ein schöpferisches Werkzeug des Göttlichen.

8 - Saraswati

Sprache, Phantasie, Musik, Poesie,
Ritual, Heilung

Symbol: fließender Strom – Schwan – Vina
(Saiteninstrument)

Herkunft: Indien

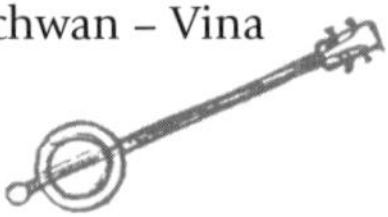

Saraswati, die Fließende, ist die Verkörperung des Lebensflusses. Sie durchdringt die »Realität« mit Hilfe von Einsicht, Wissen und Erkenntnis.
Saraswati verspeist den Klang des Mantras und die Musik, mit denen die Gegenwart der Göttin herbeigerufen wird. Wenn sie ihre Vina spielt, erstrahlt sie wie gleißender Schnee.

Botschaft

Wenn Sie bei Saraswatis schöpferischen Spielen mitmachen, könnte es geschehen, daß Sie große Freude erfahren. Saraswati kann Ihnen dabei helfen, den kosmischen Geist leichter in Ihr Leben fließen zu lassen.

Affirmation

Ich bin im Fluß mit dem
göttlichen Strom der
Schöpferkraft.
Himmlischer Klang schwingt
durch mein Wesen,
dehnt mein Bewußtsein aus.

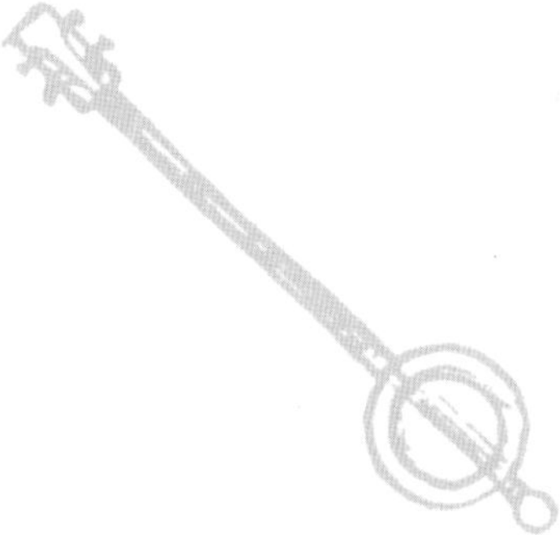

9 - Lakshmi

Segen, Gesundheit, Reichtum, Fruchtbarkeit

Symbol: Lotos – zwei Elefanten – Gold – kostbarer Schmuck

Herkunft: Indien

Lakshmi, die Lotosgöttin, verkörpert die lebendige Macht von Fruchtbarkeit, Reichtum und Wohlgefühl sowie darüber hinaus alles das, was man als irdischen Erfolg einstuft.

Die einen Strahl Wasser aussprühenden Elefanten auf ihrem Bild symbolisieren königliche Souveränität und offenbaren die durch Regen hervorgerufene Fortpflanzungskraft.

Botschaft

Diese Göttin bringt Glück. Begegnet sie Ihnen, werden Sie mit Segen überschüttet. Seien Sie offen dafür, ihre Geschenke anzunehmen, und lassen Sie es zu, daß ihr

Glück durch Sie hindurch auch zu anderen fließt. Auf diese Weise wird Ihr gutes Karma andauern. Wenn Sie sich schön und lebendig fühlen, werden andere Sie respektieren und ehren.

Affirmation

Alle guten Dinge kommen aus dem Geist zu mir.
Gesundheit, Phantasie, Fülle und Gnade sind mein – jetzt.

10 - Durga

Kriegerkönigin, Zerstörerin der Dämonen;
Unbesiegbarkeit

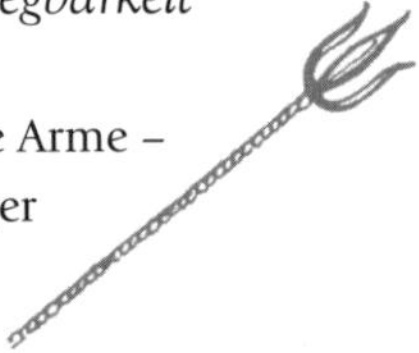

Symbol: zehn bewaffnete Arme – Ritt auf dem Tiger
Herkunft: Indien

Durga wurde geboren aus den Flammen, die den Mündern der Götter Brahma, Vishnu und Shiva entwichen. Dies geschah, als sie versuchten, den Dämon Mahisha zu zerstören, der die Form eines Büffels angenommen hatte – in der er nur von einer Frau überwunden werden konnte.

Zu voller Schönheit erblüht in die Welt getreten, hält sie in jeder ihrer zehn Hände eine andere Waffe, Symbole der Götter und ihrer göttlichen Macht. Da sie sich, so oft sie wollte, vervielfältigen konnte, war sie durch keine Überzahl zu besiegen, egal wie viele Dämonen ihr auch entgegentraten. Im Unterschied zu sterblichen Hindu-Frauen ist sie weder unterwürfig, noch ordnet sie sich den Männern unter – seien sie menschlich oder göttlich.

Durga kämpft in Schlachten, die üblicherweise eine Domäne der Männer sind, und sie ist ein Symbol der wilden Kraft, die dafür notwendig ist, das Böse zu bekämpfen. Sie verkörpert das Guna Tamas, den zerstörenden und herrischen Aspekt des Lebens.

Botschaft

Gibt es Schlachten für eine gerechte Sache zu schlagen, dann sind Sie jetzt wohlgerüstet, Ihre Schäfchen ins Trockene zu bringen. Unterschätzen Sie nicht Ihre Kraft – und ebensowenig die Macht Ihres Verstandes. Ein kühler Kopf ist von Vorteil.

Affirmation

Ich bin unbesiegbar, gesegnet und verfüge
über die Kraft der Zehn.

11 - Schlangengöttin

Geburt, Tod, Wandlung, Fruchtbarkeit

Symbol: Schlangen – entblößte Brust – Doppelaxt  

Herkunft: Kreta

Diese große kretische Göttin aus dem Tempel von Knossos war sehr einflußreich in der ägäischen Welt. Möglicherweise ist sie eine frühe und sehr machtvolle Form der Ariadne, der »überaus Heiligen«. Sie wurde von den Frauen als Göttin der Unterwelt, Entwicklung und Wiedergeburt verehrt.

Die Schlangen verkörpern bei dieser Göttin die auf- und absteigenden Kräfte, das Löwenbaby auf ihrem Kopf ist ein Symbol der Sonne. Es läßt sich eine Verbindung herstellen zwischen den sieben Lagen ihres Rockes und den sieben Tagen des lunaren Viertels. Die Doppelaxt stellt die Phasen des Mondes dar und die ritualisierte weibliche Kraft.

Botschaft

Im Augenblick geht es um Ihre Macht als Frau und Priesterin. Als Mann können Sie diesen Aspekt ebenfalls in

sich finden. Vielleicht ist es aber auch eine Zeit, in der es darum geht, jemandem, den Sie sehr gut kennen, den Respekt entgegenzubringen, den er verdient.
Die großen Mysterien von Empfängnis und Geburt, Sterben und Tod, ebenso wie unsere Verwicklung darein verbinden uns mit der Ewigkeit und unserem Anteil daran. Betrachten Sie sich als Schlangengöttin, die die Macht des Schöpfergeists anruft und ihre Rolle im Geschick der Menschheit und der Erde spielt.

Affirmation

Ich bin die Verkörperung des Schöpfergeists und
trage das Erbgut der Menschheit.
Während ich über die Erde wandle,
wache ich über die großen Mysterien des Lebens und
trage zu ihnen bei.
Der Geist steigt auf, der Geist sinkt danieder,
aber der Geist ist ewig.

12 - Cybele

Feier, Begeisterung, Wiedergeburt;
Mutter der Berge

Symbol: Schlüssel – Löwe – Stier – Würfel – Burgzinne
Herkunft: antikes Vorderasien, Spätrom

Cybele feiert die kurze Wachstumszeit, die das Antlitz der unvergänglichen Erde verändert. Während sie in einem von einem Löwen gezogenen Wagen dahinzieht, feiert, tanzt und paradiert ihr Gefolge bei wilder Musik schriller Zymbeln bis zum »heiligen Wahn«.

Botschaft

Jetzt geht es für Sie darum, zu feiern und zu jubeln, Beschränkungen hinter sich zu lassen und Ihre Verbindung zur Lebensfreude wiederherzustellen. Drogen sollten vermieden werden, um sicherzustellen, daß später keine Reue aufkommt. Musik und Rhythmus haben eine ganz eigene Kraft, mit der Sie sich auf den Puls des Universums einstellen können.

Moderne Rebirthing-Techniken oder Praktiken, die Sie der Erde näher bringen, könnten jetzt das richtige für Sie sein – dazu gehören z.B. Gärtnern, Spazierengehen, Wandern.

Affirmation

Ich feiere mein Leben wie eine Blume mit einer kurzen Lebensspanne, geborgen in der unvergänglichen Erde. Im Frühling werde ich wiedergeboren.

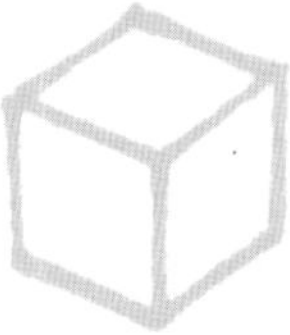

13 - Ishtar

Stärke, selbstbewußte Sinnlichkeit; Sternenmutter

Symbol: Feigenbaum – Regenbogen – sieben Schleier – Tierkreis
Herkunft: Babylon

Im Alten Testament als »Hure von Babylon« diffamiert, war Ishtar tatsächlich eine spätere, vielschichtigere Form der sumerischen Göttin Innana. Ishtar war aufgrund ihrer Sexualität gefürchtet, die sie mit dem Blick der Jägerin und der Haltung einer Kriegerin ihre Liebhaber finden ließ.
Um ihren Geliebten Tammuz zu retten – der von Eriskegal, der Königin der Unterwelt, entführt worden war –, gab Ishtar Stück für Stück ihren Schmuck und ihre Kleidung auf, bis sie am siebten Tor die letzte Hülle abwarf (diese Geschichte ist der Ursprung vom Tanz der sieben Schleier). Schließlich nackt, erbat sie die Rückkehr von Tammuz, und ihr Wunsch wurde ihr gewährt. Als sie aus der Unterwelt wieder aufstieg, erhielt sie ihre Kleider und Juwelen zurück, und wie der zunehmende Mond wuchsen

ihr Licht und ihre Schönheit. Geliebt von Männern ebenso wie von Frauen, war Ishtar bekannt als die Göttin der Seufzenden, von deren Lied man sagte, daß es süßer sei als Honig.

Botschaft

Ishtar spricht: »Wer Sexualität verschmäht, verschmäht das Leben. Wer den Tod verleugnet, verleugnet das Leben. Solch ein Mensch wird das Leben weder als eine Freude empfinden noch den Tod als etwas Leichtes erfahren.« Umarme Tod und Sexualität freudvoll, jedes zu seiner Zeit.

Affirmation

Ich umarme alle Aspekte des Lebens.
Ich lebe fröhlich und gebe großzügig.

14 - Hera

Himmelskönigin, Gattin; Ehe, Familie

Symbol: Pfauenfedern – Kuckuck – Kaurimuschel
Herkunft: antikes Griechenland, Rom (auch: Rhea, Juno)
Moderner Archetyp: Die Ehefrau, deren Selbstwertgefühl und Ziele von ihrem Mann und seiner Position und seinem Prestige abhängen

Hera, die Gattin von Zeus, Beschützerin der Ehe und der Familie, sagt man nach, sie sei Sinnbild für die »Seele einer Frau«. Ihr werden viele Namen zugeordnet: Mutter der Menschheit, Himmlisches Licht, Ratgeberin, Mahnerin.
Eines ihrer Symbole, der verwundete Kuckuck, war eine Maskierung, die Zeus angenommen hatte, um sie zu verführen. Eine andere, der Pfau, versah sie mit einem zusätzlichen Paar Augen, durch die sie ihrem Gatten hinterherspionieren konnte.
An ihren Schläfen sitzen Blitzableiter, mit denen Hera jene Blitze von Zeus erden konnte, die er so gern nach ihr schleuderte: Heras und Zeus Ehe war ziemlich stürmisch. Zeus war ständig untreu und Hera entsprechend eifersüchtig und nachtragend. Zusammen spiegeln sie den

uralten Kampf zwischen Matriarchat und Patriarchat wider.

Botschaft

Ehe, Partnerschaften und Familie sind bei dieser Karte im Fokus – sei es im guten wie im bösen. Vielleicht zeigt sie Ihnen, daß sie nicht emotional wie Hera, sondern lieber nach den Maßstäben der Vernunft, handeln wollen, was sowohl dienlicher als auch charmanter ist.
Möglicherweise werden Sie eine Verpflichtung im häuslichen Bereich übertragen bekommen, die mit einem gewissen gesellschaftlichen Status verbunden ist. Es wäre angebracht, darauf wie eine Königin und mit angemessener Rücksicht auf die Bedürfnisse aller Betroffenen (einschließlich Ihrer eigenen) zu reagieren.

Affirmation

Mein Heim ist mein Königreich, das ich mit Liebe und Weisheit pflege.
Mein Geliebter steht an meiner Seite, teilt mit mir Verantwortung und Vorzüge.

15 - Persephone

Königin der Unterwelt, Tochter;
Frühling, Regeneration

Symbol: Granatapfel – Narzissen – Schlüssel zum Hades
Herkunft: antikes Griechenland, Rom (auch: Proserpina)

Persephone, die Tochter von Zeus und Demeter, wurde von Hades, dem Gott der Unterwelt, entführt, als sie Wildblumen pflückte. Sobald Demeter erfuhr, daß Zeus diese an ihrer Tochter verübte Tat guthieß, entzog sie jeglicher Saat die Fruchtbarkeit und erschuf so einen anhaltenden Winter.
Zeus gab schließlich nach und entsandte Merkur, mit Hades eine Abmachung auszuhandeln. Dies hatte zur Folge, daß Persephone wieder an die Erdoberfläche durfte, vorausgesetzt, sie kehrte jedes Jahr für so viele Monate in die Unterwelt zurück, wie sie Granatapfelsamen gegessen hatte. Und so kehrt sie drei Monate im Jahr dorthin zurück, in denen dann Winter herrscht, wonach sie wieder auf die Erde kommt, um den Frühling zu bringen.
Die Persephone zugeordneten Symbole sind die Narzisse, eine Frühlingsblume, und der Granatapfel, der für weibli-

che Sexualität steht. Oft werden mit Persephone und Demeter auch Gockel abgebildet – mit ihrem allmorgendlichen Krähen verkörpern sie die Wiederauferstehung.

Botschaft

Unsere Weisheit und charakterliche Entwicklung sind häufig das Ergebnis unserer Reisen in die Unterwelt, der Herausforderungen und des Leids, die wir dort erleben, und dessen, was wir daraus lernen. Auf diese Weise passieren wir die Schwelle vom Kind zum Erwachsenen. Die Tiefen unseres Traumas verleihen uns eine größere Fähigkeit zu Mitgefühl und Liebe. Dies ist eine Zeit des Lernens, in der es darum geht, von einer Tochter zur Mutter oder Mentorin zu werden.

Affirmation

Meine Prüfungen verwandeln mich vom Kind
zu einem selbstbestimmten Wesen.
Mein Gedeihen und meine Rettung liegen
in meinen Händen.

16 - Demeter

Mutterschaft, Ernte, Mysterium

Symbol: Getreideähre – Pflug – Sichel – weibliches Dreieck
Herkunft: antikes Griechenland, Rom (auch: Ceres)

Zu Demeters Symbolen (de-meter bedeutet Mutter) gehört das auf der Spitze stehende Dreieck, Zeichen des weiblichen Geschlechts, im griechischen Alphabet das Delta. Dieses Tor von Geburt, Tod und sexueller Erfüllung findet sich in dreieckigen Grabeingängen wieder, durch die Verstorbene in den Schoß der Mutter zurückkehrten. Die bekanntesten der zu Demeters Ehren zelebrierten kultischen Rituale waren die eleusischen Mysterien. Vieles, was dabei vollzogen wurde, gleicht den späteren christlichen Praktiken, wie beispielsweise das Verspeisen des Körpers (Brot) und das Trinken des Blutes (Wein) einer Rettergestalt. Allerdings gehörten auch ausschweifende sexuelle Riten dazu.

Der von Demeter verkörperte Archetyp ist die umsorgende, schützende Mutter – wenn die Kinder das Elternhaus verlassen, bleibt sie verloren und vermeintlich ziellos zurück.

Botschaft

Es scheint, daß der versorgende mütterliche Teil Ihrer selbst gerade Ihre Aufmerksamkeit fordert. Ihre emotionale Unterstützung und die Fülle Ihres Geistes können andere nähren und ihnen das Vertrauen schenken, das sie benötigen.
Zur Aufrechterhaltung des Lebens auf dem einfachsten Niveau braucht es wenig: Essen, Unterkunft und emotionale Versorgung. Vielleicht sind dies die Dinge, die Sie für sich selbst suchen, und Demeter kann Ihnen helfen, sie zu finden.

Affirmation

Ich ziehe eine Fülle von Reichtum und Freude an.
Ich schütze und nähre.

17 - Athene

Kriegerin – Mut – Zielorientiertheit
Verstand – Begabung

Symbole: Eule – Helm – Gorgonenhaupt – Olive
Herkunft: antikes Griechenland, Rom (auch: Pallas Athene, Minerva)

Dem Kopf Ihres Vaters in voller Rüstung entstiegen, liegt Athenes Stärke im Verstand. Sie dient dem Patriarchat. Wenngleich ihre Symbole sich im Laufe der Jahrhunderte wandelten, blieb sie doch stets die jungfräuliche Kriegergöttin, die mit den Männern zusammenarbeitete und bewies, daß nicht für alles eine Mutter erforderlich ist.
Der Olivenbaum, ihr Geschenk an die Griechen, führte dazu, daß die Stadt Athen ihr zu Ehren nach ihr benannt wurde.
Als Medusa, eine ihrer Priesterinnen, vergewaltigt wurde, verfluchte Athene sie und verwandelte ihr Haar in einen Wust sich windender Schlangen, dessen Anblick jeden Mann, der ihn anschaute, zu Stein erstarren lies. Als ihre Priesterin dann umgebracht wurde, machte Athene sich Vorwürfe und übte Wiedergutmachung, indem sie Me-

dusa in sich aufnahm und zu ihrem zerstörerischen Antlitz machte.

Botschaft

Dies könnte der Augenblick sein, in dem Sie gefordert sind, Ihre seelische Rüstung anzulegen. So können Sie das angstfrei angehen, was zwischen Ihnen und Ihren Zielen steht. Ihr Verstand ist Ihr Schwert und Ihr Schild. Fassen Sie Mut.

Affirmation

Ich bin stark, unbesiegbar.
Mein Verstand ist scharf und arbeitet präzise.
Ich bin eine Frau (oder ein Mann) von Welt.

18 - Artemis

Jägerin, Mondgöttin; Schwesternschaft,
Athletik, Heilung, Kindbett

Symbol: Mond – Bogen – Fackel – Jagdhunde – Wildtiere
Herkunft: antikes Griechenland, Rom (auch: Diana)
Moderner Archetyp: eine Frau in einer Frauenwelt, Autonomie

Artemis war die jungfräuliche Göttin der nächtlichen Jagd, die mit einer Schar von Nymphen und Jagdhunden zusammenlebte. Sie beschützte die jungen Wildtiere und war zugleich Jägerin. Unversöhnlich rächte sie jede Beleidigung. So ist Artemis der Archetyp eines unabhängigen weiblichen Geistes – mit dem man es sich auf keinen Fall verderben sollte!
Dadurch daß sie ihrer Mutter bei der schwierigen Geburt ihres Zwillingsbruders beistand, wandten sich vornehmlich Frauen im Kindbett an sie, suchten aber auch ihre Unterstützung in vielen anderen Situationen.

Die weite, wunderbare Natur ist Artemis' Reich; körperliche Aktivität, Abenteuer und athletische Herausforderungen sind ihre Hauptinteressen.

Botschaft

Frauen können wirklich alles. Wenn Sie jedoch Zweifel hegen, können Sie sich Ihren Schwestern zuwenden und dort Unterstützung, Rat, Trost und/oder gute Gesellschaft suchen. Bewahren Sie sich Ihre Ideale. Außerdem können Sie in die Natur gehen, um sich inspirieren zu lassen, oder bei einem geliebten Tier Trost und gegenseitige Unterstützung finden.

Fangen Sie an, Sport zu treiben oder irgendeine Form der körperlichen Aktivität zu praktizieren.

Affirmation

In meinem Innern bewahre ich die Geheimnisse der Natur – Geburt, Heilung, Jagd und Tod.
Ich bin heil und unabhängig.

19 - Vesta

Hüterin des Feuers, Priesterin;
Altar, Heim, Herd

Symbol: lebendige Flamme – kreisförmiger Herd
Herkunft: antikes Griechenland, Rom (auch: Hestia)
Moderner Archetyp: eine Frau auf der Suche nach Spiritualität

Vesta ist eine der ältesten Göttinnen des Olymps und wird weithin verehrt – nicht abstrakt in Legenden, sondern ganz real im Feuer und in Feuerritualen. Die vestalischen Jungfrauen erhielten die ewige Flamme am Leben, die den mystischen Lebensnerv des römischen Imperiums symbolisierte.
Im Heim war der Herd Vestas Altar. Das Feuer brachte die Frau des Hauses vom Herd ihrer Mutter mit in die Ehe. Es ermöglichte ihr, Wärme zu verbreiten, Essen zu kochen und auch eine Verbindung zu den Ahnen herzustellen.
Vesta und der Herd verkörperten so das Zentrum der Welt und die innersten Mysterien.

Botschaft

Nehmen Sie sich die Zeit, die Priesterin in sich zu erkennen. Kleine Rituale, die Sie für sich selbst durchführen, können Segen in Ihr Leben bringen. Ehren Sie das Göttliche in sich, in anderen und in der ganzen Natur. Zünden Sie eine Kerze an, und meditieren Sie über der Flamme.

Affirmation

Mein heiligster Ort ist mein innerstes Selbst.
Willkommen!

20 - Aphrodite

Schönheit, Liebe, Anmut, Kunst, schöpferisches Arbeiten

Symbol: Tauben – Rosen – Sterne (Venus) – Kammuschel
Herkunft: antikes Griechenland, Rom (auch: Venus)
Moderner Archetyp: die romantische, sexuell unabhängige Frau

Der Sage nach war Aphrodites Geburt das Ergebnis von Chronos' Kastration seines Vaters Uranus: Chronos warf Uranus' Phallus ins Meer, worauf Aphrodite im Schaum empfangen wurde. Als junge Frau in der Blüte ihrer Schönheit entstieg sie den Fluten.

Weltweit wird Aphrodite als die Göttin der Liebe verehrt. In der Gestalt der Venus ist sie zugleich Morgen- und Abendstern, was zwei Aspekte ihres Wesens widerspiegelt. Für Verliebte oder Menschen, die die Liebe suchen, ist sie die Verkörperung von Liebreiz, Sinnlichkeit und unwiderstehlicher Anziehungskraft. Aber sie ist auch eifersüchtig, grausam und schamlos – nichts hält sie davon ab, ihr sexuelles Begehren zu befriedigen.

In ihrer Langzeitbeziehung zu Ares (Mars), dem Gott

des Krieges, kämpfen die am schwersten zu kontrollierenden Leidenschaften, Liebe und Krieg, um ein heikles Gleichgewicht. Bedingungslose spirituelle Liebe wird von einem höheren Aspekt Aphrodites verkörpert, eine Gestalt, in der sie als Urania bekannt ist.

Botschaft

Wenn Sie nach Schönheit und Liebe suchen, unterschätzen sie nicht die Macht einer positiven Einstellung. Eine charismatische Präsenz übt eine weit größere sexuelle Faszination aus als eine hübsche Larve. Seien Sie Sie selbst – und mehr!
Üben Sie sich in bedingungsloser Liebe, dann wird ihr Geliebter schließlich in Ihr Leben treten.

Affirmation

Meine Schönheit und Sinnlichkeit strahlen
aus meinem inneren Sein.
Dadurch, daß ich mich liebe, bestärke ich mich darin,
daß ich es wert bin, geliebt zu werden.

21 - Gaia

Mutter Erde; die Urform des Lebens, Zeit, Natur

Symbol: Sense – Hügel – vier Viertel
Herkunft: antikes Griechenland

In der griechisch-römischen Weltanschauung war Gaia (Gaea), die Vielbrüstige, die Mutter aller Gottheiten und zugleich die älteste von ihnen – die Erde selbst. Die Hügel und Berge sind ihre Brüste, die Felder ihr Körper, dem alles Leben entspringt.

Gaia ist auch eine Göttin des Todes, denn als Erde verschlingt sie die Körper der Verstorbenen. Sie bringt alles auf der Erde hervor und nimmt es wieder in sich auf, bringt es zurück in den Kreislauf.

Gaia ist die kollektive Intelligenz, die spirituelle Wesenheit und die Substanz unseres Planeten.

Botschaft

Eine Rückverbindung zur Erde wird ihnen derzeit helfen, wieder Bodenkontakt zu finden. Laufen Sie barfuß über eine Wiese oder am Strand. Genießen Sie die Eindrücke, Klänge und Schönheit Ihrer Mutter, Ihres Planeten. Sie erstrahlt im All als leuchtende blaue Kugel – kostbar und zerbrechlich. Lieben Sie sie, schützen Sie sie und fühlen Sie sich geehrt, daß Sie ein Teil von ihr sind.
Kümmern Sie sich um Ihren Garen – pflanzen Sie einen Baum. Spielen Sie Ihre Rolle in Gaias Ökologie.

Affirmation

Mein Körper ist ein Tempel, der mir zu meinem Nutzen von Mutter Erde zur Verfügung gestellt wurde.

22 - Freya

Amazone; Erotik, Leidenschaft, Glück,
Hochzeiten, Arroganz, Gestaltwechsel

Symbol: Wagen mit Katzengespann – Ziege – goldener Widder – Falke – Bernsteinkette – Federumhang

Herkunft: Nordeuropa

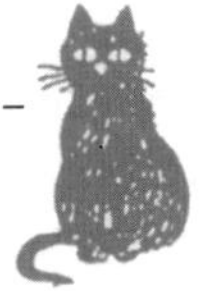

Der Freitag wurde nach Freya benannt; und daß wir an diesem Tage Fisch essen, ist auf dessen Verbindung mit der weiblichen Sexualität zurückzuführen.

Freya war die schönste aller [nordischen] Göttinnen. Wenn sie in ihrem von Katzen gezogen Wagen über den Himmel fuhr, trug sie nur eine Bernsteinkette und einen Umhang aus Federn. Wie viele Göttinnen galt sie als fruchtbare Erdmutter, die sich während der Wintermonate zurückzog.

Es war Freya, die Odin, den höchsten der nordischen Götter, in Magie unterwies. Außerdem ritt sie häufig an der Spitze der Walküren, jener schönen Schlachtenjungfrauen, deren Aufgabe es war, in der Schlacht gefallene Helden für ein ewiges Leben in Walhalla auszuwählen.

Es soll Freya gewesen sein, die die Insel Sjaelland vom dänischen Festland abspaltete, indem sie einen Graben darumzog.

Botschaft

Erfolgreiche Menschen sind von Leidenschaft erfüllt für das, was sie tun. »Folgen Sie ihrer Freude!« sagt Ihnen Freya. Sind Sie im Augenblick leidenschaftlich verliebt, könnten Sie versucht sein, jegliche Achtsamkeit in den Wind zu schießen und sich, wie Freya, rücksichtslos einfach das zu nehmen, was Sie am meisten begehren. Aber Vorsicht, denn im Unterschied zu Freya werden Sie für die Folgen einstehen müssen!

Affirmation

Ich bin eine einzigartige Seele mit einmaligen
Begabungen, Stärken und Wünschen.
Meine Leidenschaft kann mein Leben über die
Mittelmäßigkeit ins Außergewöhnliche erheben.

23 - Brigit

Fruchtbarkeit, Heilung, Großzügigkeit;
die Erde selbst, dreifaltige Feuergöttin

Symbol: Klee – Feuer – Kelch – Quellen – Vogelbeerbaum

Herkunft: Kelten – Spanien – Frankreich – Britische Inseln (auch: Bridgit, Brigid, Bride, Bridie, Brigandu, Brigantia)

Brigit, das bedeutet »die Strahlende«, ist hier als die Schwanenjungfrau dargestellt. Der Schwan gilt als heiliges Tier, da er die Formen von Schlange und Vogel verbindet (in der Spiritualität vieler Kulturen waren Schlange und Vogel in einer heiligen Form vereint, wie beispielsweise bei Quetzalcoatl, der gefiederten Schlange der amerikanischen Ureinwohner).

Brigit ist eine der frühen Göttinnen, die von der christlichen Kirche schließlich zur Heiligen erklärt wurde. Manche sagen, sie sei bei der Geburt Jesu die Hebamme von Mutter Maria gewesen. Brigits Quellen und Schreine sind bis heute Orte der Verehrung.

Als dreifaltige Göttin sind ihr viele Bereich zugeordnet: die heilenden Künste, Dichtung, Spinnen und Weben, Kampf- und Kriegskünste, Schmiedehandwerk, Fruchtbarkeit und die Kraft des Bodenständigen.

Botschaft

Setzen Sie sich in einen Garten, machen Sie einen Spaziergang entlang eines Flusses, legen Sie sich ins Gras, lauschen Sie den Vögeln, singen Sie ein Lied – die fundamentalen Dinge des Lebens sind Brigit eine Freude und ein Gebet an sie. Tragen Sie Blumen im Haar. Nehmen Sie sich die Zeit, den Duft der Rosen wahrzunehmen.

Affirmation

Wie Brigit will ich Licht:
… das Feuer der Inspiration aus anderen Welten,
… das Feuer des Herdes in meinem Heim,
… das Feuer der Heilung an der heiligen Quelle.

24 - Maria

Mutter Jesu; Mitgefühl, Vermittlung

Symbol: fünfblättrige Rose – Apfel – Rosenkranz – Rosette – Himmelskönigin – Lilie
Herkunft: Israel – Christenheit (auch: Stella Maris)

Die Jungfrau Maria wurde ausgewählt, die Mutter des langerwarteten Messias zu werden. Vom Schein der alchemistischen Rose umgeben verkörpert sie zugleich Jungfrau (Weiß) und Mutter (Rot).
Das Christentum war lange ganz von Männern beherrscht: Vater, Sohn und Heiliger Geist. Daraus ergab sich in der Kirche der Widerstand, Marias Göttlichkeit zu akzeptieren: Man(n) fürchtete, damit einen Göttinnenkult zu fördern. Im vierzehnten Jahrhundert beispielsweise zogen viele Menschen Marias barmherzige Vermittlung vor, wenn sie sich Gott und Jesus nähern wollten.

Botschaft

Ihr innerer Frieden und Ihre liebevolle Hingabe, mit denen Sie eine Aufgabe zum Wohle anderer auf sich nehmen, werden Ihnen einen nichtfaßbaren Lohn zuteil werden lassen, der jenseits Ihrer Vorstellung liegt. Barmherzigkeit ist ein altmodisches Wort – was ist mit »bedingungsloser Liebe«? Wenn Sie das Bedürfnis nach Unterstützung, Vergebung oder Liebe verspüren – Maria hört zu.

Affirmation

Im bin ein Werkzeug Deines Friedens,
Deiner Liebe und Deiner Gnade.
So werde auch ich geliebt, getröstet,
und mir wird vergeben.

25 - Magdalena

Geliebte Jesu, Priesterin, die Frau aus dem Tempelturm; sinnliche Tröstung

Symbol: fünfzackiger Stern – Chrismon* – Schädel

Herkunft: Israel – Christenheit – Gnostizismus (auch: Maria Magdalena)

Jesus liebte Maria Magdalena und nannte sie »die Frau, die das Ganze kannte«. Sie salbte Jesus** mit dem geweihten Öl aus dem von ihr verwahrten Chrismon und bereitete ihn so auf die Kreuzigung vor.
In einem gnostischen Gedicht sagt sie: »Ich bin die Erste und die Letzte; ich bin die Verehrte und die Verachtete; ich bin die Hure und die Heilige.« Über ihre Rolle als Hetäre/Priesterin sagte sie: »Wir empfinden nicht nur Mitgefühl für uns selbst, sondern fühlen mit der ganzen Menschheit.«
Neuere Forschungen legen nahe, daß sie und Jesus im geheiligten Stand der Ehe zusammenlebten (Laurence Gardener: Das Vermächtnis des Heiligen Gral). Unter diesem Aspekt läßt sich auch Magdalenas Leib als »Heiliger Gral« betrachten – das heilige Gefäß, das das Blut Christi in sich trug.

*Behälter für geweihtes Öl; **»Christus« heißt »der Gesalbte«

Im Hintergrund des Bildes ist Montségur abgebildet, die letzte Festung der Katharer*, die Magdalena verehrten. Man sagt, daß sie in der Nähe, im Süden Frankreichs, ihre letzten 30 Jahre in einer Höhle, ohne Essen oder Trinken, verbrachte und vom »süßen Gesang der Engel« lebte.

Botschaft

Magdalena rät Ihnen, sich selbst und Ihrem Weg treu zu bleiben, indem Sie das Leben voll und ganz leben, mit allen Sinnen bedingungslos der göttlichen Liebe hingegeben. Zweitausend Jahre lang wurde sie als Sünderin betrachtet, obwohl Jesus sie geliebt und verehrt hat. Zeit und Konventionen können die öffentliche Wahrnehmung verändern, doch die Heimat eines gütigen Herzens und einer liebevollen Seele ist immer das Paradies.

Affirmation

Ich werde vom Göttlichen geliebt.

*einst in Europa weit verbreite Gruppe christlicher Häretiker

26 - Schwarze Madonna

Das nichtmanifeste Ganze, das Elementare,
das aktive Prinzip

Symbol: schwarze Madonnenstatuen
Herkunft: Europa

Die Anbetung von schwarzen Madonnen in Kirchen ganz Europas [und Südamerikas] ist ein Phänomen, das sich immer weiter ausbreitet. Offenbar berührt sie mit ihrer elementaren Dunkelheit ein tiefsitzendes unbewußtes Bedürfnis.
Voller Wissen und Weisheit in weiblichen Belangen stellt sie eine Verbindung zu unseren Gefühlen und Leidenschaften her. Sie trägt uns durch die Nacht unseres Schattenselbst in das Licht der Bewußtheit.
Die schwarze Madonna ist dunkel und doch voller Licht. Der geheimnisvollen Finsternis des unendlichen Universums spinnt sie DNA zu lebendiger Materie.

Botschaft

Diese Karte zeigt Ihnen die grenzenlose Dunkelheit, in der der Same all dessen, was möglich ist, auf Sie wartet. Dies ist eine Zeit, in der alte Zustände und Vorstellungen vergehen. Jetzt können neue Dinge und Ideen empfangen, außerdem Material für schöpferische Aktivitäten gesammelt und alles, was noch genutzt werden kann, dem Kreislauf wieder zugeführt werden.

Affirmation

Ich bin ein Mitschöpfer und stehe in Resonanz
mit der Quelle.
Ich gehöre der Ewigkeit.

27 - Sophia

Weisheit,
der weibliche Aspekt
des Göttlichen

Symbol: Lächeln – Taube – die Säulen der Weisheit
Herkunft: antikes Griechenland und Rom, Gnostizismus, Judentum, Christentum

Sophias Lächeln gebar die Welt. Eines der ihr zugeordneten Symbole ist der Kreis aus den sieben Säulen der Weisheit, in dessen Mitte sie steht. Sie ist der Gott innewohnende Geist.
Oft wird Sophia als Taube dargestellt; außerdem wird sie mit dem Heiligen Geist und der universellen Himmelsmacht sowie der führenden Stimme in uns verglichen. Manche glauben, daß sie »Unsere Heilige Frau« (Notre Dame) ist.

Botschaft

Zwei Kräfte beherrschen die Schöpfung: Macht und Weisheit. Beide müssen im Gleichgewicht gehalten werden, um sicherzustellen, daß die Dinge sich zum Wohle des Ganzen entfalten.

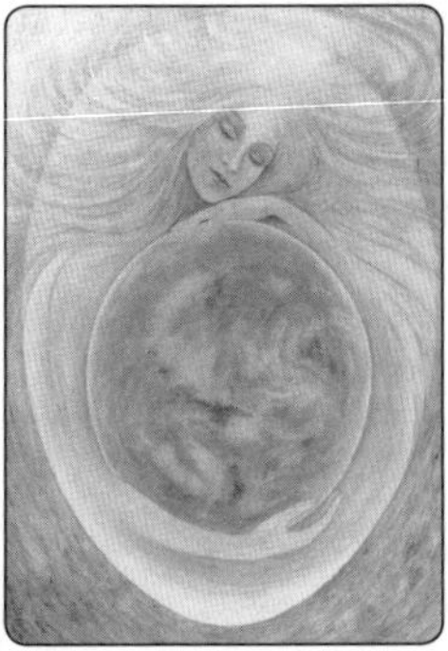

Sophia, Weisheit, ist in diesem Augenblick Ihres Lebens erforderlich. Achten Sie darauf, daß Sie allem auf angemessene Weise begegnen. Vielleicht spricht durch Sie die süße Stimme der Vernunft zu einem anderen. Lassen Sie die Weisheit des göttlichen Geistes durch sich fließen. Sophia bringt Frieden durch Weisheit – und das mit einem Lächeln!

Affirmation

Durch Liebe und zeitlose Weisheit bringe ich Frieden für mich und die Welt.

Besuchen Sie Pamela Matthews
auf ihrer Website:

www.grail.co.nz

Weitere Göttinnen und Wege,
mit Ihnen Kontakt aufzunehmen,
finden Sie in den folgenden Titeln

Schirner Verlag

Brigitta de las Heras

Die Reise durch den Jahreskreis

Rituale, Phantasiereisen und Tänze
zu dem 8 Jahreskreisfesten

336 S., Paperback, farbig

ISBN 978-3-89767-217-8

Feiern Sie die acht Jahreskreisfest und legen Sie die Quelle weiblicher Kraft und Spiritualität in sich frei! Mit zahlreichen Übungen, Anregungen und Tips

Amy Sophia Marashinsky & Hrana Janto

Göttinnen-Geflüster

Mit Orakel und Ritualen zur eigenen Kraft

Set aus Buch und 52 farbigen Karten

Buch: 304 S., Paperback; Karten: 95 x 113 mm

ISBN 978-3-930944-89-7

Tauchen Sie ein in die Welt der Großen Göttin, von deren Erscheinungsformen Sie hier 52 vorgestellt finden – jede mit Bild, Anrufung, Geschichte, Deutung und Ritual sowie einprägsamen Legemethoden.